AFFAIRE

DU

DEVOIR

CONTRE

M. CHOPPIN, Préfet de l'Oise

DE LADMIRAULT et LADEAU

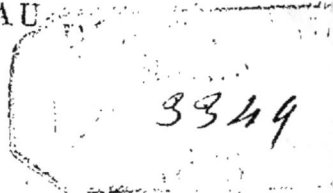

Saisie du DEVOIR
Déclinatoire
Plaidoirie de Me A. VINCENT

PRIX : 10 CENTIMES

SE VEND

A CREIL, AUX BUREAUX DU *DEVOIR*
ET CHEZ TOUS LES LIBRAIRES DU DÉPARTEMENT

--

1873

En publiant ce procès que l'arbitraire d'un fonc-
i onnaire de la République, qui de son propre aveu
n'est pas même républicain, l'a forcée d'entreprendre,
l'administration du *Devoir* a voulu faire, contre une
mesure illégale et coupable, une protestation nécessaire.

Saisis arbitrairement, nous n'avons pas voulu faire
de récriminations inutiles ; nous n'avons pas même
fait appel à l'opinion publique, notre juge à tous ;
nous avons préféré nous adresser à la justice du pays.

Persuadés qu'il faut avant tout avoir confiance
dans les lois de son pays, nous avons fait appel à
leur protection.

M. le Préfet de l'Oise a envoyé un déclinatoire :
il nous a refusé des juges.

A nos concitoyens de juger son attitude !

AFFAIRE DU DEVOIR

I

Dans la fin de l'année 1872 un journal fut fondé dans l'Oise sous ce titre : « Le *Devoir*, organe républicain du département de l'Oise. » Son programme n'était douteux pour personne : il affirmait l'union intime de l'ordre et de la liberté et avait pour objectif la propagation et la démonstration des principes républicains.

Des affiches apposées dans toutes les communes du département de l'Oise avaient annoncé la publication du premier numéro pour le samedi 11 janvier.

Les formalités légales furent accomplies.

Le cautionnement fut versé.

La déclaration préalable avait été faite dans les délais légaux.

Après plusieurs démarches à la Préfecture, le gérant avait obtenu récépissé de la déclaration ; mais ce récépissé, au lieu de se borner à en constater le dépôt, portait, en outre, « qu'il était délivré sous la réserve expresse des droits de l'autorité militaire, le département de l'Oise étant en état de siége. »

C'était la première fois que l'état de siége était invoqué dans l'Oise.

Le calme le plus complet n'avait cependant jamais cessé de régner dans l'Oise ; la Commune de Paris n'y avait fait naître aucun désordre, aucune agitation : rien, absolument rien n'y pouvait servir de prétexte ou d'excuse à cette mesure exceptionnelle de l'état de siége, qui, armant l'autorité militaire de pouvoirs considérables, met en quelque sorte les citoyens qu'elle atteint en dehors du droit commun.

Cependant M. le Préfet de l'Oise, se fondant sur un décret rendu par l'ex-impératrice le 8 août 1870, affirma l'existence de l'état de siége, et prétendit que le *Devoir* ne pouvait paraître qu'avec l'autorisation de l'autorité militaire.

M. le Gérant du *Devoir*, DE L'AVIS DE SON CONSEIL, résolut de ne tenir aucun compte des réserves contenues au récépissé de sa déclaration et de la menace qui y était insinuée.

Le numéro annoncé parut le 18 janvier.

Pendant la nuit du 17 au 18, une surveillance avait été établie à Creil, à la gare du chemin de fer et autour des bureaux du journal.

Un ballot fut arrêté et saisi à la gare.

Au moment où, dans les bureaux du journal, la mise en vente allait commencer, un commissaire de police se présenta accompagné d'un gendarme, et, exhibant une dépêche de M. de Ladmirault, général de division commandant la 1re division militaire, ainsi conçue : « Le journal le *Devoir* n'ayant pas été autorisé, saisissez les exemplaires signalés, » déclara saisir les numéros qui se trouvaient au siége du journal.

Un des rédacteurs du *Devoir* protesta énergiquement : « Nous ne sommes point, dit-il, en état de siége; vous n'avez pas le droit d'obéir à un général qui n'a point qualité pour vous donner des ordres : en le faisant vous commettriez une violation de la loi. » M. le commissaire de police s'excusant sur la nécessité où il se trouvait d'obéir à des ordres supérieurs, le rédacteur lui demanda ce qu'il comptait faire dans le cas où il se refuserait à laisser s'accomplir une saisie illégale et arbitraire, et voudrait repousser par la force cette atteinte portée à la propriété et à la liberté des citoyens. M. le commissaire de police ayant répondu qu'au besoin il emploierait la force, que six gendarmes étaient à sa disposition, le rédacteur du *Devoir*, ne voulant point d'une collision qui eût pu être mal interprétée, déclara qu'il protestait de nouveau contre l'acte qui allait s'accomplir, qu'il cédait à la force et à la force seule, et qu'il requérait M. le commissaire de police de consigner dans son procès-verbal sa protestation et sa déclaration.

M. le commissaire de police se retira en emportant les exemplaires qu'il déclara saisir.

M. le gérant du *Devoir* n'a point été poursuivi; on s'est borné à lui faire savoir que tout numéro qui paraîtrait serait l'objet d'une saisie nouvelle.

Jugeant impossible la situation qu'on voulait lui faire, le gérant a dû se pourvoir devant les tribunaux civils, auxquels la loi attribue la compétence en matière de propriété et de dommages-intérêts.

Se fondant sur la loi violée à son préjudice, il fait donner à MM. Ladeau, de Ladmirault et Choppin, devant le tribunal civil de Senlis, une assignation dont voici les conclusions :

Attendu qu'en saisissant arbitrairement le journal le *Devoir* et en faisant obstacle à sa publication, MM. Ladeau, de Ladmirault et Choppin ont commis un acte que la loi qualifie de quasi-délit ;

Attendu qu'aucun d'eux n'en saurait décliner la responsabilité ;

Que M. Ladeau a eu tort d'exécuter un ordre arbitraire et d'obéir à une autorité dont il ne relevait pas,

Que M. de Ladmirault a eu tort de donner un ordre contraire à la loi et préjudiciable aux intérêts d'autrui,

Que M. Choppin a par ses instructions provoqué les agissements et la conduite blâmable de M. le commissaire de police,

Que dans tous les cas il a eu le tort inexcusable de laisser ses agents obéir à ceux qui n'avaient point le droit de leur donner des ordres ;

Attendu que ce quasi-délit a causé un préjudice dont il est dû réparation ;

Pour ces motifs :

Entendre déclarer arbitraire et vexatoire la prétendue saisie du 19 janvier ; l'entendre déclarer illégale, par suite nulle et de nul effet ; en conséquence, entendre ordonner la restitution des exemplaires indûment saisis ;

S'entendre en outre condamner solidairement à deux mille francs de dommages-intérêts pour réparation du préjudice causé.

Nous n'avons pas à raconter ici combien il fut difficile d'introduire ce procès ; on sait quelles difficultés, quelles entraves rencontrent encore les citoyens lorsqu'ils veulent obtenir justice de fonctionnaires publics. Il suffira de dire qu'il fallut près de deux mois pour introduire le procès ; qu'une assignation a mis plus de huit jours entre les mains soit d'un huissier, soit de la chambre des huissiers pour parvenir à destination.

II

Sur l'assignation à lui donnée, M. le Préfet de l'Oise, au lieu de soutenir la légalité de la mesure incriminée, s'empressa de déposer un déclinatoire dont voici les conclusions:

Vu l'article 6 de l'ordonnance du 1er juin 1828, l'article 13 titre II de la loi du 16-24 août 1790, 7-11 septembre, 7-14 novembre 1790, 27 avril-25 mai 1791, l'art. 101 de la loi du 16 fructidor an III et la loi du 24 mai 1872;

Attendu que le tribunal de Senlis ne saurait, sans empiéter sur la juridiction administrative et sans méconnaître le principe de la séparation des pouvoirs administratif et judiciaire, se prononcer sur la régularité du décret du 8 août 1870 ayant proclamé l'état de siége dans la 1re division militaire, ni sur la validité de la saisie pratiquée sur le 1er numéro du journal le *Devoir*, le 18 janvier 1873, par ordre de M. le général commandant la division militaire, ni sur les prétendus excès de pouvoir commis par les divers agents du gouvernement qui auraient participé à cet acte;

Attendu que la restitution des exemplaires saisis ne saurait être ordonnée, ni des dommages-intérêts alloués au demandeur qu'autant que ces questions préjudicielles auraient été vidées par la juridiction compétente; Qu'il y a lieu de surseoir à statuer jusqu'à ce que cette juridiction ait prononcé;

Déclare décliner la compétence du tribunal civil de Senlis sur l'assignation du sieur Pelletier, en date du 17 mars 1873, purement et simplement en ce qui touche la demande en nullité de saisie.

En ce qui touche la demande en restitution des exemplaires saisis, et à fin de réparation civile, jusqu'à ce que l'autorité compétente se soit prononcée sur la légalité des actes administratifs imputés aux défendeurs.

Le *Préfet de l'Oise*,
Signé : CHOPPIN.

III

L'affaire a été plaidée le 30 avril. M. DE MAINTENANT, procureur de la République, après avoir lu le déclinatoire, a donné lecture de ses conclusions tendant à l'admission de ce déclinatoire.

Me A. VINCENT, avocat du *Devoir*, s'est exprimé en ces termes :

« MESSIEURS,

« Lorsque le *Devoir*, saisi arbitrairement et interdit au mépris des lois du pays, s'est adressé à votre justice, nous ne pensions pas que les adversaires tenteraient d'éviter tout débat contradictoire. Nous estimions qu'accusés d'avoir abusé dans l'intérêt d'un parti des pouvoirs qui leur étaient confiés dans l'intérêt de tous, des fonctionnai-

res avaient mieux à faire que de se réfugier derrière une
exception d'incompétence ; nous nous étions fait cette
illusion de croire que, quelque blâmables, quelque coupables que fussent les actes dont nous demandons réparation, leurs auteurs essaieraient de se justifier ou tout au
moins de s'excuser.

« M. Choppin n'en a pas jugé ainsi. Pour toute justifi-
cation, il vous a envoyé un déclinatoire.

« Nous avons des lois qui affirment la liberté des
citoyens, nous avons des constitutions et des lois qui pro-
clament, consacrent, garantissent le grand principe de la
propriété, qui le placent sous la protection de votre justice ;
et lorsque, usurpant une autorité qui ne leur appartient
pas, des fonctionnaires coupables ont saisi un journal
sans motif et sans droit, attenté à la liberté des citoyens
et mis la main sur une propriété privée, il leur suffirait
pour être indemnes de venir vous dire qu'ils sont fonctionnaires et qu'ils déclinent votre compétence.

« Une pareille prétention est inadmissible, elle est contraire à la justice, elle est contraire à la loi.

« Ce que l'on vous demande, messieurs, n'est rien
moins qu'un déni de justice. Si le déclinatoire pouvait
être admis, nous n'aurions aucun tribunal à qui adresser
nos griefs, nous n'aurions aucun moyen d'obtenir justice !

« Avant de discuter cette prétention des adversaires,
avant de vous démontrer combien sont vains et spécieux
les motifs qu'ils allèguent, combien leur thèse est contraire à la loi, il est bon d'apprécier quel est le but de ce
déclinatoire et ce que l'on cherche.

« On a commis un acte illégal, vexatoire et arbitraire,
et, comme tous ceux qui commettent une action mauvaise,
les adversaires veulent..... le silence.

« Si le *Devoir* avait été légalement saisi, et il ne pouvait
l'être que pour un délit ou pour une contravention aux
règlements administratifs, ceux qui auraient eu le droit
de le faire saisir avaient aussi le droit, et j'ajoute le devoir,
de le poursuivre devant les tribunaux compétents et de le
faire condamner.

« Or le *Devoir* n'a pas été poursuivi ; on a préféré se
borner à son égard à l'acte brutal de la saisie qui a frappé
son premier numéro et qui frapperait tous ceux qu'il
tenterait de publier.

« C'est là la main-mise brutalement et arbitrairement

sur la liberté et sur la propriété des citoyens ; et lorsque ceux qui sont victimes de cet arbitraire se rappellent qu'il y a dans nos lois des dispositions qui garantissent la liberté et la propriété, qui disent que nul n'y peut porter atteinte par ruse, par force ou par violence, saisissent la justice, on leur refuse des juges et on oppose un déclinatoire !

« M. Choppin n'a pu se faire d'illusions sur le sort de ce déclinatoire ; mais le temps que l'on plaide sur la compétence, on évite la question du fond ; et puis, lorsque vous aurez rejeté ce déclinatoire, que vous aurez affirmé une compétence que jamais l'on n'eût dû songer à contester, on fera appel, ou M. Choppin, profitant de la qualité de préfet, élèvera le conflit, et l'on espère qu'insi le procès ne sera plaidé au fond que lorsque de graves événements en auront détourné l'attention publique et que, par suite de la levée de l'état de siége dans toute la France, il n'y aura plus pour nous qu'une question pécuniaire.

« En attendant, l'acte arbitraire qui réduit au silence une feuille républicaine conservatrice continuera d'avoir ses effets, on aura frappé de confiscation une propriété qui devait être respectée ! Le préjudice qui pour nous se renouvelle tous les jours sera ainsi prolongé, l'abus d'autorité et l'usurpation de pouvoirs ne pourront être réprimés !

« Ah ! s'il ne s'agissait de questions aussi graves, si nous avions à l'égard de M. Choppin les sentiments hostiles qu'il nous attribue, que nous pourrions aisément triompher du triste et désolant spectacle qu'il donne à ses administrés ! il nous suffirait de prendre acte de ce déclinatoire, et l'on comprendrait aisément que, si notre journal n'a pas été poursuivi, que si M. Choppin ne veut pas de votre juridiction, c'est qu'il n'y a pas pour lui d'illusions possibles sur le jugement à intervenir, et qu'il sait bien que la saisie inique du *Devoir* serait ici jugée comme elle l'a déjà été par la conscience publique ! »

L'Avocat du *DEVOIR* examine le principe de la séparation des pouvoirs, il constate que ce principe ne crée pas au profit des administrateurs l'irresponsabilité qu'y veut trouver M. Choppin ; qu'il ne rend pas l'administration omnipotente et ne met pas les préfets au-dessus de la loi et de la justice du pays.

La compétence du tribunal est certaine ; elle résulte des principes généraux de notre droit et des dispositions des lois qui, à des époques si diverses, ont été édictées sur la matière.

Le principe de la séparation des pouvoirs, tel qu'il a été compris et édicté par nos législateurs, soumet à la compétence de l'autorité administrative l'acte administratif, c'est-à-dire l'acte d'un fonctionnaire public agissant dans l'intérêt de l'administration et dans les limites de sa compétence. Il laisse soumises à la compétence de l'autorité judiciaire les questions de propriété et de dommages-intérêts, et, par suite, les questions de responsabilité qui naissent des actes entachés d'abus de pouvoir. Il faut, en un mot, distinguer la faute de l'administrateur même, commise dans l'exercice de ses fonctions, de l'acte administratif; il faut distinguer entre l'abus et l'exercice normal et régulier de l'autorité.

Les lois de 1790 et 1791 ne disent pas autre chose, lorsqu'elles interdisent aux tribunaux d'intervenir dans les mesures d'administration.

Ces lois, dont on veut faire aujourd'hui des lois de despotisme, étaient loin d'avoir un tel caractère. Elles attribuaient, il est vrai, compétence aux tribunaux administratifs, lorsqu'il s'agit d'actes administratifs; mais, même en ce cas, les citoyens avaient cette garantie que leurs réclamations étaient portées devant des corps élus, les directoires de district ou de département. Toutes les fois qu'il s'agissait d'une faute commise par un fonctionnaire, l'administration ne se trouvant plus en jeu, la juridiction ordinaire, c'est-à-dire la juridiction civile, était compétente.

La Constitution de l'an VIII a, il est vrai, porté une grave atteinte au droit des citoyens. Elle a supprimé les administrations élues et les a remplacées par un fonctionnaire unique, le préfet, nommé par le pouvoir exécutif. Elle a de plus disposé, dans un art. 75 : « Les agents du gouvernement autres que les ministres ne peuvent être poursuivis pour des faits relatifs à leurs fonctions qu'en vertu d'une décision du conseil d'Etat; *en ce cas, la poursuite a lieu devant les tribunaux ordinaires.* »

Cette Constitution de l'an VIII contenait tout un système. Il n'est pas difficile de l'apprécier.

L'acte administratif est de la compétence administrative: mais lorsque l'acte d'un fonctionnaire est une faute, cet acte est justiciable des tribunaux ordinaires.

Il est vrai qu'en exigeant de l'administration l'autorisa-

tion des poursuites, l'art. 75 rend illusoire la garantie de
la compétence judiciaire; mais il ne la supprime pas en
principe ; il la proclame au contraire en termes formels,
il l'affirme.

La question du procès est donc actuellement de savoir
si la demande du *Devoir* est basée sur un acte administratif ou sur la faute d'un administrateur.

M. A. VINCENT, s'appuyant à cet égard sur de nombreux
passages de Dalloz (v° *Comp. crim.*) et plusieurs arrêts, établit que l'acte administratif ne peut être autre chose que
l'acte d'un fonctionnaire agissant dans l'exercice de ses
fonctions et dans les limites de sa compétence. Dès que
l'agent sort des limites de sa compétence, il commet une
faute ; et, comme le dit fort bien Dalloz (v° *Comp. crim.*,
n° 307), » lorsque par excès de pouvoir ou par l'exécution
aveugle d'un acte illégal et arbitraire un fonctionnaire
attente à la vie, à l'honneur, à la liberté ou à la fortune
d'un citoyen, il doit rendre compte devant les tribunaux
du délit ou quasi-délit qu'il a pu commettre dans l'exercice abusif de ses fonctions; car, à cet égard, il n'est plus
un agent de l'autorité; on ne peut voir en lui qu'un dé-
linquant, d'autant plus répréhensible qu'il connaît mieux
les lois qu'il n'a pas craint d'enfreindre, et qu'il tourne
contre les citoyens un pouvoir qui n'a été remis entre ses
mains que pour les protéger. »

M. VINCENT établit le caractère exceptionnel de la juridiction administrative. Cette juridiction n'est compétente
que dans les cas spécialement prévus par la loi. La juridiction civile est au contraire la juridiction de droit
commun.

Toutes les questions de propriété et de dommages-intérêts sont EXCLUSIVEMENT de la compétence exclusive des
tribunaux civils. L'art. 75 l'a lui-même reconnu, puis-
qu'il dispose que, lorsqu'une poursuite peut avoir lieu
contre un fonctionnaire public, CETTE POURSUITE A LIEU
DEVANT LES TRIBUNAUX.

S'il en était autrement, le fonctionnaire relevant toujours de la juridiction administrative, on ne comprendrait pas que l'on eût créé en sa faveur une protection
contre une juridiction devant laquelle il n'eût jamais pu
être poursuivi !

Si du reste la juridiction civile n'était point compétente, on se demande devant quelle juridiction le *Devoir*
pourrait poursuivre la réparation de l'acte inique et

arbitraire dont il a été victime! Les tribunaux administratifs ne sont pas compétents lorsqu'il s'agit de propriété et de dommages-intérêts (ainsi a-t-il été jugé dans de nombreuses décisions); dès lors il n'y aurait pas de juges pour ceux dont la propriété a été arbitrairement confisquée, pour ceux qui ont souffert dans leurs biens et dans leur liberté. Tous les intérêts, tous les droits des citoyens résideraient dans le bon vouloir et dans le caprice de l'administration! Si une pareille doctrine pouvait jamais s'établir, il semblerait que nous ne sommes plus au dix-neuvième siècle, dans un département français, sur une terre qui fut jadis celle de la liberté et qui le veut redevenir, et l'on croirait vivre sous le régime despotique des satrapes, au fond de quelque province de l'antique Orient!

Ce qui démontre jusqu'à quel point les poursuites dirigées contre les agents de l'ordre administratif pour les fautes par eux commises dans l'exercice de leurs fonctions sont de la compétence des tribunaux civils, c'est l'attitude prise par les divers agents qui ont été l'objet de semblables poursuites. Tous ont élevé l'exception de l'art. 75; aucun n'a invoqué l'incompétence.

Dans les cas très-rares où la poursuite pouvait avoir lieu sans autorisation, par exemple pour l'administration des postes, la jurisprudence la plus constante affirme la compétence judiciaire. — L'avocat donne ici lecture de plusieurs arrêts dont quelques uns de cassation et de plusieurs décisions du conseil d'État.

On n'a songé à invoquer la compétence administrative que lorsqu'un décret, rendu le 10 septembre 1870 après les scandales du régime impérial, a supprimé, *avec l'art. 75 de la Constitution de l'an VIII,* « *toutes les dispositions des lois générales ou spéciales ayant pour but d'entraver les poursuites dirigées contre les fonctionnaires publics de tout ordre.* »

Après avoir examiné en droit la portée du décret du Gouvernement de la défense nationale, M° VINCENT a continué:

« Il ne nous reste plus maintenant, messieurs, qu'à faire au procès actuel l'application de ces principes qui sont indiscutables et que jamais l'on n'eût dû songer à discuter.

Quels sont les faits qui servent de base à notre poursuite?

Le journal « le *Devoir* » a été saisi sous prétexte d'un
état de siège qui n'existe pas, et qui, s'il eût existé, n'eût
pas permis une semblable mesure. Alors que le droit que
l'état de siège accorde à l'autorité militaire se réduit à
*interdire les publications qui lui paraissent de nature à
exciter ou à entretenir le désordre*; alors que le *Devoir*,
loin d'être signalé comme dangereux pour l'ordre public,
n'avait pas été interdit, on l'a fait saisir sous prétexte de
l'absence d'une autorisation qui ne lui était pas nécessaire !

Sont-ce là des actes administratifs, ou est-ce au contraire ce que la loi appelle quasi-délit ? est-ce une faute
d'autant plus grave que la liberté et la propriété des citoyens ont été violées par ceux-là mêmes qui devaient le
faire respecter ?

Je ne veux pas, bien que ces actes aient été depuis
longtemps jugés par la conscience publique, les apprécier,
les qualifier ici ; l'heure n'en est pas encore venue; mais
bientôt vous aurez à juger, lorsque, après le rejet de ce
déclinatoire, nous nous trouverons enfin face à face avec
ceux qui, parce qu'ils n'espèrent pas justifier ce qu'ils ont
osé faire, se réfugient aujourd'hui dans les équivoques et
les subtilités de notre procédure.

Qu'il suffise aujourd'hui de constater qu'en tous les
temps et à toutes les époques, aux heures les plus des-
potiques de ce siècle, il y a des lois protectrices de la liberté
et de la propriété des citoyens !

La loi de 1819, qui certes n'est pas un modèle de libé-
ralisme, subordonnait le pouvoir de saisir un écrit à la
nécessité de poursuivre dans les dix jours. On ne l'a pas
fait pour le *Devoir*, on ne l'a poursuivi ni devant une
cour d'assises, ni devant un tribunal, ni devant un conseil
de guerre, *on ne l'a pas poursuivi parce que l'on n'a pas osé
le faire.*

Le décret du 17 février 1852, décret rendu au lende-
main de son attentat par l'homme néfaste qui, en même
temps que de son serment, fit litière des libertés de la
nation française, disposait que, pour la suppression d'un
journal, il fallait un décret inséré au *Bulletin des lois !*
C'était cependant le beau temps de l'arbitraire administratif. Et aujourd'hui que tout Français a le droit de publier un journal sans autorisation, aujourd'hui que nous
vivons sous la République et sous le règne des lois, pour
faire ce que l'empereur pouvait seul et par un acte inséré

au *Bulletin des lois* accomplir, il suffirait de la volonté d'un général et du caprice d'un préfet!

Liberté! mot sublime que depuis la date régénératrice du 4 septembre 1870 nous lisons sur les murs de nos édifices, tu ne serais donc qu'une décevante illusion! »

M⁽ᵉ⁾ VINCENT a ensuite répondu aux objections que soulevait le déclinatoire. Sous prétexte que l'ordre de saisie est un acte administratif, M. Choppin veut empêcher le tribunal de connaître d'une faute qu'il est de sa compétence d'apprécier. Sous prétexte que la demande isole les agents de leurs supérieurs, on ne cherche qu'à faire revivre l'art. 75 aujourd'hui abrogé, qui permettait à l'administration supérieure de couvrir ses agents et de prendre pour elle-même la responsabilité de leurs actes.

Aujourd'hui, il ne reste plus rien des immunités vexatoires et trop souvent immorales de l'art. 75. Comme tout autre citoyen, le fonctionnaire public qui commet une faute est responsable devant les tribunaux ordinaires ; comme tout autre citoyen, il doit réparation du préjudice.

Et que l'on ne dise pas que, parce qu'il y a en cause trois fonctionnaires, la demande change de caractère, qu'il s'agit d'intervenir dans les rapports des divers agents. La demande ne conclut à rien de semblable. Elle affirme seulement une faute commune. Elle se base sur un fait personnel à chacun des défendeurs.

M. Ladmirault a eu le tort d'ordonner une saisie illégale et arbitraire, M. Ladeau, celui de l'exécuter, M. Choppin, celui de la provoquer! Associées dans la faute, ces trois personnes doivent l'être dans la réparation. Et que personne n'invoque ici les règles administratives, l'obéissance hiérarchique. Dans un pays qui veut être libre, la loi doit être au-dessus de tous : le jour où les fonctionnaires auront perdu la détestable habitude d'obéir à des ordres contraires à la loi; le jour où ils n'obéiront qu'à ceux qui ont le droit de leur commander, ce jour c'en sera fini pour toujours avec les révolutions et les coups d'État !

Bien que M. Choppin la leur conteste, les tribunaux ont évidemment compétence pour interpréter les décrets du pouvoir exécutif, comme ils ont compétence pour interpréter la loi. Ils ont donc compétence pour apprécier si un acte constitue ou non une loi ou un décret.

Que l'on ne prétende pas qu'il s'agit d'annuler un acte administratif, la demande du Gérant du *Devoir* est une demande en revendication de propriété et en dommages-intérêts !

L'avocat examine la jurisprudence.

Il constate que, quand même il s'agit d'un acte administratif, une jurisprudence constante, aussi bien la jurisprudence administrative du conseil d'État que celle des tribunaux civils, des cours d'appel et de la Cour de cassation, décide que la demande en dommages-intérêts, basée sur l'abus de pouvoirs, n'en serait pas moins de la compétence des tribunaux civils.

Dans une des espèces sur lesquelles le conseil d'État a eu à statuer, il s'agissait évidemment d'un acte administratif. Un préfet était poursuivi pour les motifs par lui insérés dans un arrêté pourvoyant à la vacance d'un débit de tabac. La demandeuse ne contestait pas que le préfet avait agi dans les limites de sa compétence et l'exercice de ses fonctions. Toutefois, si l'on devait nécessairement reconnaître à l'arrêté préfectoral le caractère administratif, le conseil d'Etat a estimé que ce caractère ne s'appliquait pas au fait incriminé qui y était contenu, et que dans quelque acte que fût contenue la faute, elle n'en devait pas moins être appréciée et jugée par les tribunaux civils. (V. Déci. du 7 mai 1871.)

La compétence judiciaire est encore affirmée avec plus d'énergie dans une décision du conseil d'Etat du même jour, 7 mai 1871.

M. Engelhard, préfet de Maine-et-Loire, avait suspendu pour deux mois les journaux l'*Union de l'Ouest* et l'*Ami du peuple*. Cet arrêté, pris en vertu de l'état de siége incontesté, et en exécution d'ordres supérieurs (V. Dalloz, 3e et 4e cahier 1872, p. 18 et 19), était en lui-même inattaquable et ne fut pas attaqué. La faute reprochée au fonctionnaire consistait, selon les demandeurs, dans les motifs.

Un arrêt du 3 février 1871 avait affirmé la compétence de l'autorité judiciaire, en se fondant sur ce motif : « *que, si sous l'empire de l'article 75 de la constitution de l'an VIII, les plaignants auraient été obligés de se pourvoir de l'autorisation administrative; si cette autorisation leur avait été accordée, ils n'auraient rencontré aucune entrave.* » Sur le conflit élevé par le préfet, le conseil d'Etat *affirme la compétence de l'autorité judiciaire*, se prononce pour la compétence de l'autorité judiciaire.

L'espèce qui a fait l'objet de l'arrêt de cassation du

3 juin 1872 a avec celle actuellement soumise au tribunal une parfaite identité.

Il s'agissait d'un général à qui on reprochait d'avoir dans l'exercice de ses fonctions commis un acte arbitraire attentatoire à la liberté individuelle; il s'agit aujourd'hui d'un général, d'un commissaire de police et d'un préfet auxquels le *Devoir* reproche un acte attentatoire à la liberté et à la propriété. La demande dans l'affaire soumise à la Cour de cassation était une demande en dommages-intérêts, la nôtre est une demande en dommages-intérêts et en revendication de propriété.

Deux jugements des 9 février et 10 mai 1871 affirment la compétence de l'autorité judiciaire.

La cour de Dijon, le 9 août 1871, se prononce également pour la compétence judiciaire : elle proclame « *que le droit des citoyens d'obtenir réparation du dommage causé par un fait délictueux est général et absolu, que nulle fonction ne dispense celui qui en est revêtu de l'obligation de réparer le préjudice résultant d'un délit par lui commis dans l'exercice de cette fonction.* »

Devant la Cour de cassation, aucune objection n'est soulevée contre la compétence judiciaire ; conseiller rapporteur et ministère public sont d'accord avec la cour pour affirmer la compétence des tribunaux ordinaires.

Après avoir exposé et commenté cette jurisprudence dont nous ne donnons ici qu'une rapide analyse, M. Vincent a terminé en ces termes:

« Votre compétence est certaine, j'ajoute qu'elle est nécessaire.

Pour nous relever de nos ruines, pour redevenir la grande nation de jadis, il nous faut faire revivre chez tous le sentiment du respect de la loi, sentiment trop méconnu dans ces derniers temps, et méconnu par ceux-là mêmes qui en eussent dû donner l'exemple. Il faut que l'on sache que la loi est au-dessus de tous, qu'ell s'applique aux administrateurs aussi bien qu'aux administrés.

Entre les administrateurs et les administrés, si la justice n'intervient pas, quel sera le juge? Il y a des deux côtés des intérêts et des passions opposés. Chez les fonctionnaires nous voyons une tendance trop marquée à l'arbitraire et à la domination: ils administrent d'abord, ils dominent plus tard; et un jour ils oppriment. Leur administration

tration s'applique à des populations qui la subissent d'abord, qui s'interrogent ensuite, et qui plus tard murmurent et menacent; et lorsque l'arbitraire est arrivé à son comble, en face de l'administration, qui s'affirme juge dans sa propre cause, le peuple s'affirme juge dans la sienne; et les conflits se dénouent par la violence et la force, dans ces luttes tumultueuses qui trop souvent ensanglantent nos rues et nos places publiques et qui s'appellent les émeutes et les révolutions.

Eh bien! entre ces deux forces, entre ces intérêts et ces passions, il est bon que la justice intervienne. Il faut que nos tribunaux, rappelant les principes à ceux qui les méconnaissent, fassent, en dehors et au-dessus de ces intérêts et de ces passions, entendre la grande voix du droit, de la justice et de la loi.

Ce procès n'intéresse pas que le gérant du *Devoir*; il touche aux intérêts de tous ceux qui habitent ce département. Depuis le jour où M. Choppin s'est mis au-dessus des lois, depuis le jour où tout à coup on nous a fait subir un état de siége qui légalement n'existe pas, tous se sont sentis menacés dans leur liberté, dans leur propriété, dans leurs intérêts et dans leurs droits les plus légitimes. Et cependant la démocratie, forte de la loi, n'a point défendu la propriété violée par l'abus du pouvoir et de la force; elle n'a point relevé la provocation qu'on lui jetait. En face de ce défi, la population tout entière est restée calme. Elle est restée calme, parce qu'elle savait que le *Devoir* s'adresserait à votre tribunal, et qu'après l'heure vexatoire de l'arbitraire, l'heure malsaine de la force, viendrait l'heure réparatrice de la justice. Cette heure a été bien lente à venir, et lorsqu'elle est enfin arrivée, on nous dit que votre juridiction est incompétente! Que d'autres contestent votre compétence, que les coupables aient peur de la justice, pour nous, aujourd'hui comme hier, nous continuons à l'appeler de tous nos vœux, nous la réclamons, nous la voulons! »

A l'audience du samedi 7 mai, le tribunal a rendu son jugement.

Se fondant sur le décret du 17 septembre 1870, le tribunal rejette le déclinatoire et renvoie à quinzaine pour plaider au fond.

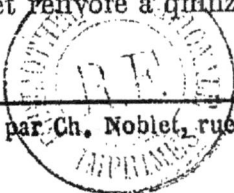

447. — Imprimé par Ch. Noblet, rue Soufflot, 18.